BEI GRIN MACHT SICH IHR WISSEN BEZAHLT

AF151106

- Wir veröffentlichen Ihre Hausarbeit, Bachelor- und Masterarbeit

- Ihr eigenes eBook und Buch - weltweit in allen wichtigen Shops

- Verdienen Sie an jedem Verkauf

Jetzt bei www.GRIN.com hochladen und kostenlos publizieren

Bibliografische Information der Deutschen Nationalbibliothek:

Die Deutsche Bibliothek verzeichnet diese Publikation in der Deutschen National-bibliografie; detaillierte bibliografische Daten sind im Internet über http://dnb.d-nb.de/ abrufbar.

Impressum:

Copyright © 2006 GRIN Verlag, Open Publishing GmbH
Druck und Bindung: Books on Demand GmbH, Norderstedt Germany
ISBN: 978-3-668-19067-2

Dieses Buch bei GRIN:

http://www.grin.com/de/e-book/179283/der-untergang-des-templerordens

Marcel Butkus

Der Untergang des Templerordens

GRIN Verlag

GRIN - Your knowledge has value

Der GRIN Verlag publiziert seit 1998 wissenschaftliche Arbeiten von Studenten, Hochschullehrern und anderen Akademikern als eBook und gedrucktes Buch. Die Verlagswebsite www.grin.com ist die ideale Plattform zur Veröffentlichung von Hausarbeiten, Abschlussarbeiten, wissenschaftlichen Aufsätzen, Dissertationen und Fachbüchern.

Besuchen Sie uns im Internet:

http://www.grin.com/

http://www.facebook.com/grincom

http://www.twitter.com/grin_com

INHALTSVERZEICHNIS

1. Einleitung

In meiner Hausarbeit geht es um den Untergang des Templerordens, der sich zum großen Teil in Frankreich ereignet hat, weshalb ich meinen Fokus in der Arbeit auf dieses Land richte.

Der Templerorden ist bis in die Neuzeit mit vielen Mythen und Gerüchten, die sich um die Ritterschaft ranken, im Gespräch. Diese werden in moderner Literatur und vielen Fernsehdokumentationen aufgegriffen und behandelt. Hier werden sie wie mysteriöse Geschichten um den Templerorden behandelt, dessen Güter und der plötzliche Untergang des Selbigen.

Die Anklage wegen Häresie, Sodomie, Gotteslästerung und Götzenverehrung, die der Auslöser für die Prozesse gegen den Orden waren, haben bis heute Einfluss auf die Rezeption der Templergeschichte.

Hier soll aufgezeigt werden wie es überhaupt dazu kommen konnte, dass so ein renommierter Orden mit dem Gesetz in Konflikt geraten konnte. Wer erhob die Anklage gegen die Templer, wer führte den Prozess und wer waren die Zeugen, die gegen ihn aussagten? Natürlich soll auch die wichtigste Frage, ob die Anklage überhaupt irgendeine Berechtigung bzw. Grundlage besaß, geklärt werden. Hiermit soll sich die Arbeit in einigen Unterpunkten befassen.

Besonders wichtig für das Verständnis der Geschehnisse ist das Verhältnis zwischen Papst Clemens V, Philipp IV und dem Inquisitor Wilhelm Imbert. Dieses weist gewisse Kontroversen im Verhalten dieser Personen auf, da die Gespräche und Vereinbarungen nicht immer umgesetzt werden und auch im Gegenteil Enden können. Die Prozesse verdeutlichen die Haltungen der Personen gegenüber einander und zeigen die Spannungen in ihrem Verhalten.

Ich beginne zuerst mit der Vorgeschichte, die zur Anklage der Templer geführt hat und wie die Ankläger ihre Interessen umgesetzt haben. Dann gehe ich auf den Verlauf des geführten Prozesses ein und zeige die verschiedenen Stationen der Verhandlungen auf. Hierbei wird das Augenmerk auf die abwechselnden

Verhandlungs- und Verhörführer gelegt, deren Rolle wichtig ist für den Verlauf des Prozesses. Abschließend erörtere ich den die Folgen des Verfahrens gegen die Templer und den Ausgang für den Orden.

2. Die Vorgeschichte

Das Ende des Templerordens beginnt nicht durch handfeste Fakten, die ans Tageslicht gekommen sind, sondern durch Informationen, die nur durch „Überlieferung" an König Philip herangetragen wurden. So hat ein inhaftierter Templer seinem Zellennachbarn Equin de Floyran von den üblichen häretischen Bräuchen erzählt.[1] Um seine Begnadigung zu erhalten lies er diese Informationen König Philip IV zukommen. Philip kam diese Nachricht gerade gelegen, da ihm die Templer wegen ihrer Privilegien und des einzigen Machtoberhauptes, dem Papst, was die Souveränität, auch rechtliche Exemtion genannt, des Ordens sicherte, schon länger ein Dorn im Auge waren. Hinzu kam die momentane finanzielle Lage Frankreichs, mit der es nicht zum Besten stand, wobei die Templergüter eine willkommene Lösung seien könnten.

Mit seinem Berater Guillaume de Nogaret begann er die Planung der Vorgehensweise, die nicht unüberlegt sein durfte, da der Orden eine ernstzunehmende militärische Macht darstellte. Außerdem würde wohl die Aussage von de Floyran nicht für eine gerechtfertigte Anklage reichen. Deshalb wurden Leute geschickt, um mehr belastende Aussagen über die Templer zu bekommen. Es wurden ehemalige Templer aufgesucht, die bereitwillig Aussagen darüber machten, wie es sich mit den Bräuchen verhielt.

Im Anschluss rollte eine regelrechte Propagandamaschinerie gegen die Templer, die den Prozess weiter vorantreiben sollten. Hinzu kam, dass de Floyran nicht der Einzige war der mit solchen Aussagen über den Orden an die Öffentlichkeit

---

[1]   Dr. Ph. Hans Prutz, Entwicklung und Untergang des Templerherrenordens, Berlin 1888, S. 136

ging, sondern auch ehemalige Templer unterrichteten den Inquisitor über die Bräuche. Johann de Vanbellant beispielsweise war Ende 1305, Anfang 1306 aus dem Orden ausgetreten und machte dem Inquisitor Wilhelm Imbert Meldung. Darauf folgten von verschiedenen Seiten Denunziationen, die Philipp in seinem Vorhaben unterstützten.[2]

Währenddessen hatte Papst Clemens V von den Machenschaften des Königs keine Ahnung, da für ihn der Orden augenscheinlich frei von jeder Schuld war.

Die Vorbereitungen von Nogaret und Philip schritten immer weiter voran und endeten in der Staatsratsitzung, in der die endgültige Entscheidung in dem angehenden Templerprozess gefällt werden sollte. Da gerade die Inquisitionsprozesse im Gange waren, die gegen Ketzer rigoros vorgingen, sollte der Prozess gegen die Templer nach derselben Vorgehensweise geführt werden.[3]

Angestachelt von Wilhelm Imbert setzt Philip die Festnahem der Templer als Beginn der Verhandlungen fest. Die Festnahme der Templer war als Überraschungsangriff geplant, um nicht gegen die starken Mächte kämpfen zu müssen. Am Morgen des 13. Oktober 1907 war es soweit und ein Großteil der Templer wurde festgenommen, da sie vom Übergriff des Königs vollkommen überrascht waren. Kaum einer entkam dieser Festnahme.[4]

---

[2]   Dr. Ph. Hans Prutz, Entwicklung und Untergang des Templerherrenordens, Berlin 1888, S. 136

[3]   Dr. Ph. Hans Prutz, Entwicklung und Untergang des Templerherrenordens, Berlin 1888 S. 130

[4]   Dr. Konrad Schottmüller, Der Untergang des Templerordens, Darmstadt 1887, S. 131

3 Der Prozess

3.1 Die Anklagepunkte

Die Anklage gegen die Templer war aufgebaut auf den Aussagen von de Floyran, Johann de Vanbellant und den von den Beamten des Königs eingeholten Aussagen. Es gibt unter den vielen Punkten, die durch den König und den Inquisitor immer wieder erweitert wurden, drei Punkte auf die sich der Prozess hauptsächlich fokussierte.

Zum einen sind die Verleumdung des Heilands und die Entweihung des Kreuzes zu nennen.[5] Den Brüdern soll nach ihrer Aufnahme befohlen worden sein im Angesichte des Kreuzes den Heilland drei Mal zu verleumden und ebenso oft das Kreuz zu bespucken. Dieser Punkt kann aber auch als Probe des Gehorsams gedacht sein, da ein Templer immer gehorchen musste, egal ob es sich um rechte oder unrechte Dinge handelt. Im Laufe der Zeit könnte dieser Brauch aber durch die immer geringer werdende Intelligenz immer öfter missverstanden werden und seine eigentliche Grundlage in Vergessenheit geraten sein.

Der zweite Anklagepunkt beschäftigt sich mit der Verehrung eines Götzenbildes, das aus einem Idolkopf bestand. Es gibt Vermutungen, dass dieser Brauch, wenn er denn bestand, von den Katarern herrührt, die Buße im Templerorden für ihre Irrtümer tun mussten und während ihres Aufenthaltes diesen Kult in den Orden brachten. Dieser Punkt der Anklage ist sehr wackelig und ist auch während des Prozesses ein großer Streitpunkt, wobei man durch die abschließenden Aussagen eher zu dem Schluss kam, dass dieser Kult eine Erfindung der Propaganda und der Folter während der Inquisition war.

Der letzte wichtige Punkt ist auch ein sehr schwerwiegender, der aber noch hinter dem der Verleumdung des Heilands steht. Es geht um die Anklage wegen

---

[5] Dr. Ph. Hans Prutz, Entwicklung und Untergang des Templerherrenordens, Berlin 1888, S. 137

Sodomie, wobei diese hier als homosexuelle Interaktionen unter den Brüdern zu verstehen ist. So soll der Aufgenommene nach seiner Zeremonie den Zeremonienmeister an drei unsittlichen Stellen geküsst haben, wobei die letzte der Mund war.[6] Des Weiteren soll den Brüdern dazu geraten worden sein lieber Unzucht untereinander zu treiben als sich mit Frauen einzulassen. Wenn es denn zu solchen unsittlichen Handlungen in den Gemächern gekommen sein soll, so kann man dies wieder als Missverständnis werten, was auf die Ungelehrtheit Einzelner zurückzuführen ist. Es ist doch aber eher unwahrscheinlich, dass es zu homosexuellen Handlungen zwischen den einzelnen Brüdern gekommen ist, da es sich um ein Verhalten handelt, das zu dieser Zeit nicht üblich war und mit dem Tod auf dem Scheiterhaufen bestraft wurde und die Templer waren Repräsentanten der Kirche. Deshalb war es ihnen fast, wenn nicht sogar ganz unmöglich, dieses Verhalten an den Tag zu legen, ohne die innere Disziplin aufs Spiel zu setzen und ihre privilegierte Stellung gegenüber dem Papst zu verlieren.

Der Vorwurf der Verschwendung der Ordensgüter, war als Anklagepunkt nicht ausreichend für eine Verurteilung des Ordens, da man diesen Vorwurf genauso gut jedem anderen Orden hätte machen können.

Die Genauigkeit und der Wahrheitsgehalt dieser Anklagepunkte können wohl erst durch einen genauen Blick auf den Verlauf und die Umstände des Prozesses geklärt werden, da die Vorgehensweise in Selbigem einen nicht unerheblichen Beitrag zur Anklage und den zur ihr gemachten Aussagen leistet.

3.2 Der Verlauf des Prozesses

Der Prozess stand wegen der anfänglichen Beteiligung von Wilhelm Imbert, der von Philip damit betraut wurde, unter dem Stern der Inquisition, den zu der Zeit üblichen Prozessen gegen Ketzer und Häretiker.

---

[6]   Dr. Konrad Schottmüller, Der Untergang des Templerordens, Darmstadt 1887, S. 318

Zuerst berief Imbert Beamte und Bischöfe, die für Verhöre und den Verlauf des Verfahrens verantwortlich waren. Für Imbert und seine Leute waren die Templer von Anfang an schuldig und dies sollte durch den Prozess nur noch bewiesen werden, damit auch das Volk von der Schuld überzeugt wird.[7] Durch die Ernennung der Verfahrensführer durch den Inquisitor war die Macht über den Prozess gesichert, da er seine Leute nach seinen Interessen und denen des Königs willkürlich lenken konnte. Zu diesem Zeitpunkt hatten die Templer keine Aussicht auf ein gerechtes Verfahren, in dem ihre Unschuld bewiesen werden konnte. Die rechtliche Exemtion des Ordens war für Imbert nicht von Bedeutung, da für ihn Gefahr im Vollzug war und er deshalb einschreiten musste.[8] So sicherte Imbert sich natürlich vorerst die rechtliche Gewalt über das Verfahren und entzog dem Orden seine Macht.

Die ersten Geständnisse, die den Templern entlockt wurden waren durchweg Geständnisse, die die angeklagten Bräuche bestätigten. Doch wie damals bei den Inquisitionsprozessen üblich war die Folter der Angeklagten ein adäquates Mittel, um an ein Geständnis zu kommen. Zuerst war nur die Androhung der Folter ein Druckmittel, doch als dieses nicht half wurden die Brüder gefoltert. Zwar waren die Aussagen inhaltlich gleich, doch unterschieden sie sich charakterlich in der Aussageform der Zeugen.[9] Dies könnte darauf hinweisen, dass die gemachten Aussagen der Wahrheit entsprachen und nicht abgesprochen waren. Es ist aber eher unwahrscheinlich, da sich die Aussagen vom Inhalt nicht unterschieden und die charakterlichen Unterschiede von der Art der Folter und der Fantasie der Angeklagten beeinflusst waren. Selbst der Großmeister der Templer Jacques de Molay bestätigte die Anklagepunkte und berichtete von seiner eigenen Aufnahme, die die Verleumdung, das Bespucken des Kreuzes und die unsittlichen Küsse, beinhaltet. Die Folter ging also an

---

[7] Dr. Ph. Hans Prutz, Entwicklung und Untergang des Templerherrenordens, Berlin 1888, S. 135
[8] Dr. Ph. Hans Prutz, Entwicklung und Untergang des Templerherrenordens, Berlin 1888, S. 137
[9] Dr. Ph. Hans Prutz, Entwicklung und Untergang des Templerherrenordens, Berlin 1888, S. 148

keinem Rang vorbei. Natürlich waren „kleine" Leute im Orden schneller geständig und von ihnen stammen auch die ersten Aussagen gegenüber Imbert, doch sollte die Anklage von allen Ständen innerhalb der Templer bestätigt werden.[10]

Ebenso soll Molay einen Brief an seine Brüder verfasst haben, in dem er sie auffordert alles zu gestehen, was ihnen vorgeworfen wird. Dies war aber ein geschickter Schachzug von Philipp, denn der Brief war nicht im Original von Molay, sondern gefälscht.[11] Es könnte auch sein, das Molay unter Druck gesetzt wurde mit den Geständnissen der übrigen Templer und deshalb den Brief verfasst hat; Fakt ist aber, dass der Brief nicht Molays persönliche Meinung im Bezug auf die Anklage widerspiegelte. Dem Großmeister kann wohl wenig am Herzen gelegen sein, dass seinem Orden der Prozess gemacht und er aufgelöst wird. Leider erkannten die anderen Brüder das geschickte Täuschungsmanöver des Königs nicht und befolgten die Anordnung des Großmeisters, wenn sie nicht schon auf Grund der Foltermethoden gestanden hatten.

Papst Clemens V erfuhr zuerst nichts über die Verhandlungen gegen die ihm unterstehenden Templer, doch als er darüber in Kenntnis gesetzt wurde, meldete er sich bei König Philipp in Form eines Briefes. In diesem äußerte er seine Bestürzung über das Verhalten Philipps.[12] Der Papst und die Kirche selbst wollten den Prozess von Anfang an in die Hand nehmen, da dies dem Templerorden gerecht werden würde und deren Exemtion gerecht werden würde. Er fordert die Auslieferung sowohl der Güter der Templer, als auch der Brüder selber, in die Gewalt des Papstes. So wollte der Papst das verkorkste Verfahren übernehmen, das bis hierhin vom König und dem Inquisitor geführt wurde. Die Vorgehensweise der beiden war nie einem ordentlichen Prozess würdig und der Papst wollte diesen durch die Übernahme der Oberhand allen

---

[10] Dr. Ph. Hans Prutz, Entwicklung und Untergang des Templerherrenordens, Berlin 1888, S. 137

[11] Dr. Konrad Schottmüller, Der Untergang des Templerordens, Darmstadt 1887, S. 140

[12] Dr. Ph. Hans Prutz, Entwicklung und Untergang des Templerherrenordens, Berlin 1888, S. 141

Beteiligten gewährleisten. Philipp hingegen wartete mit der Auslieferung noch einige Zeit und sammelte weiter Geständnisse, die er später dem Papst vorlegen konnte.

Zuerst wurden die gefangenen Templer in Poitiers, Tours und Chinon untergebracht, wo sie auch vorerst verblieben.

Die Übernahme des Prozesses durch den Papst sollte vorerst die Wende für die Templer bringen, da der Papst nicht von vornherein von ihrer Schuld überzeugt war und er sich das Urteil erst durch den Prozess bilden wollte.

Da der Papst sich nicht alleine mit dem Prozess beschäftigen konnte erwählte er am 8. August 1309 eine Kommission aus Bischöfen, die er eigens dafür ernannte. Die Kommission sollte „mild, absolut gerecht und in nicht einschüchternder Weise" vorgehen und so das Verfahren in die rechten Bahnen zurück lenken. Der Vorsitzende der Kommission war kein geringerer als Aycelin von Narbonne, der einer der größten Kritiker der Templer in Poitiers war. Dies war nicht sehr hilfreich für das Verfahren und konnte nicht zu einem glücklichen Ausgang führen. Ein Bischof, der Bischof Bayreux, wurde durch den Einfluss des Königs ernannt.[13] So konnte er immer die wichtigsten Informationen des Verfahrens erfahren und die weiteren Schritte für sein Vorgehen planen.

Die ersten Verhöre der Kommission wurden in den Orten der Gefangenschaft, vornehmlich Poitiers, vorgenommen. Hier änderten die meisten Templer ihre Aussagen, was die Kommission verwunderte. Der Anklagepunkt der Verleumdung hingegen wurde vorerst beibehalten. Dieses überzeugte den Papst von der Schuld der Templer und deshalb sollten die Ordensoberhäupter in Chinon befragt werden.[14] Von ihnen erhoffte sich der Papst nun die Bestätigung der Aussagen oder deren Widerlegung.

---

[13] Dr. Konrad Schottmüller, Der Untergang des Templerordens, Darmstadt 1887, S. 297
[14] Dr. Ph. Hans Prutz, Entwicklung und Untergang des Templerherrenordens, Berlin 1888, S. 172

Die Wahl des späteren Hauptverhandlungsortes Paris war nicht sehr hilfreich für die Templer. Dies geschah auf Anraten des Königs und außerdem wurden die Brüder, um eine Kommunikation untereinander zu verhindern, alle in Einzelhaft verfrachtet. Grund für das Eingreifen des Königs war, dass der Papst dem Inquisitor und seinen Gefolgsleuten die Vollmacht für das Eingreifen in den Prozess wieder erteilte.[15] Dieser Punkt war wichtig für den Inquisitor, da dieses Handeln des Papstes das zuerst verurteilte Vorgehen legitimierte. Dieses war zuerst nicht legitim, da das Verfahren zuvor keinen Bezug zur Kirche hatte und nicht von ihr genehmigt war und somit keine rechtliche Grundlage besaß, da die Templer dem Papst unterstanden.[16]

In Paris stellten sich zuerst mehr als 500 Templer, um den Orden zu verteidigen. Da dies aber eine zu große Zahl war, um sie als Vertreter zu wählen, wurde in einer längeren Umfrage ein Prokurator, Pierre de Bologne, ernannt.

Doch gerade hier kommt es zu einer entscheidenden Veränderung. Der Bischof von Sens verstirbt, dessen Regierungsbezirk auch Paris einschloss, und auf Anraten von Philipp ernannte der Papst den Bischof von Cambrai zum neuen Bischof, der gleichzeitig der Vorsitzende der Bischofskommission war.[17] So sicherte sich der König wieder entscheidenden Einfluss auf die Ermittlungen im Prozess, in dem er die Templer auf jeden Fall überführen musste, da er sich sonst zu weit aus dem Fenster gelehnt hätte.

Die Ernennung des neuen Bischofs von Cambrai zum Erzbischof von Sens ist der Anfang vom Ende des Ordens. Die Wahl des Prokurators war seit dem hinfällig. Der Bischof führt die Folter ein. Des Weiteren wurden alle Templer, die ihre Aussage zurückziehen, auf dem Scheiterhaufen verbrannt.[18] So sollte gesichert werden das der Ausgang des Verfahrens zu König Philips Zufriedenheit ausfiel. Es ist offensichtlich, dass dies die anderen Templer

---

[15]   Dr. Konrad Schottmüller, Der Untergang des Templerordens, Darmstadt 1887, S. 299
[16]   Dr. Konrad Schottmüller, Der Untergang des Templerordens, Darmstadt 1887, S. 361
[17]   Dr. Konrad Schottmüller, Der Untergang des Templerordens, Darmstadt 1887, S. 336
[18]   Dr. Ph. Hans Prutz, Entwicklung und Untergang des Templerherrenordens, Berlin 1888, S. 201

einschüchterte und sie um ihr eigenes Leben bangen mussten. Außerdem wurde denjenigen, die die Bräuche weiterhin gestanden, die spätere Entlassung in Aussicht gestellt. So wurde das Verfahren natürlich in die vorgesehene Richtung gelenkt und die Templer verschlimmerten ihre Situation. Auf Grund dieses Handelns des Bischofs stand kein einziger Templer mehr für die Verteidigung des Ordens zur Verfügung. Selbst Molay, der zwischenzeitlich auch sein Geständnis zurückgezogen hatte, ließ sich durch den Bischof von Sens dazu bringen, wie es ihm an vielen anderen Orten durch Folter gelungen war, seine Aussage nicht zu widerrufen und somit nicht den Orden zu verteidigen.

Durch dieses geschickte Handeln bekam der Bischof die Geständnisse, die er für den König bzw. für den Papst als Prozessführer benötigte. Am Ende des Jahres 1310 wurden dem Papst die Ergebnisse der Kommission überreicht. Nach Begutachtung dieser und der Verhandlung des Falles der Templer im Konzil wurde der Orden am 3. April 1312 vom Papst durch die Bulle „Vox in excelso" aufgelöst.

4. Der Ausgang des Ordens

Mit der durch den Papst verkündeten Bulle war die Geschichte nicht beendet bzw. war der Fortbestand des Ordens noch nicht geklärt. Sicher kann man aber sagen, dass die Bevölkerung von Frankreich nicht einheitlich hinter dem König stand und überzeugt waren von der Schuld der Templer. Viel mehr sah man Philipps Hass gegen den Orden und seine Habgier als Auslöser für den Prozess und letztendlich als Rädelsführer gegen die Templer. Außerdem war für das Volk das Verhalten des Papstes, der sich von Philipp hatte unterdrücken lassen und sich durch die gefälschten Prozesse täuschen lassen, offenkundig.[19] Hier wird deutlich, dass der geführte Prozess nicht auf allgemeine Begeisterung stieß, sondern eher im Gegenteil: das Volk stellte sich auf die Seite der Templer. Des

---

[19] Dr. Konrad Schottmüller, Der Untergang des Templerordens, Darmstadt 1887, S. 532

Weiteren zeigt sich, dass die Anklagepunkte nicht die breite Masse erreichten bzw. von ihr wahrgenommen wurden. Somit verloren die unter Folter gemachten Geständnisse weiter an Glaubwürdigkeit.

Die Güter der Templer gingen zwar nicht komplett an den König, hätten ihm aber helfen können, die Staatsschulden zu mindern. Die Johanniter waren die Nutznießer dieser Situation, da sie die Güter des Ordens erhielten abzüglich eines hohen Betrages, den sie dem König für die Überschreibung des Besitzes bezahlen mussten.[20] In vielen anderen Ländern gingen die Güter in den Besitz der einzelnen Könige über. Dies bestätigt wieder die Motive des Königs und spricht erneut gegen die Anklagepunkte und Geständnisse.

Die Auflösung des Ordens fand jedoch nicht überall statt, außerhalb der Machtbezirke von König Phillip war die Umsetzung kein Thema.

In Portugal beispielsweise wurde der Templerorden nicht komplett aufgelöst, sondern die meisten ehemaligen Templer gründeten den „ordo militiae Jesu Christi", den Christusorden, der ebenfalls die Güter des Ordens in Portugal erhielt.

Der Ausgang für die beiden obersten Mitglieder, Molay und Pairaud, war auch beschlossene Sache, da nur durch ihren Tod die Auflösung der Templer offiziell beendet werden konnte. Philipp selbst erklärte beide für schuldig und verkündete ihr Ende. So fanden sie ihren Tod, wie viele Brüder vor ihnen auch, auf dem Scheiterhaufen. Kurz vor dem Verbrennen widerrief Molay seine falsche Aussage und sprach den Orden von allen Anklagepunkten frei.[21] In dieser Situation wollte er sich vor Gott von jeglicher Schuld freisprechen. Dies lässt die Anklage erneut wackeln und lässt die Glaubwürdigkeit vom König schwinden. Clemens V und Philipp IV starben knapp ein Jahr später, wie es Pairaud kurz vor seinem Tod prophezeit hatte.[22]

---

[20] Dr. Konrad Schottmüller, Der Untergang des Templerordens, Darmstadt 1887, S. 533
[21] Dr. Konrad Schottmüller, Der Untergang des Templerordens, Darmstadt 1887, S. 572
[22] Dr. Konrad Schottmüller, Der Untergang des Templerordens, Darmstadt 1887, S. 569

5. Schluss

Die Ausführungen zeigen, dass der Prozess den Templern eigentlich keine Chance gelassen hat, sich von der Anklage freizusprechen. Er war so ausgelegt, dass das Ende bzw. der Ausgang in Philips Sinne von Beginn an feststand. Die Folter brachte viele dazu ihre Geständnisse abzulegen und in den anfangs ordentlich geführten Untersuchungen wurde dies deutlich, da einige ihre Aussagen widerriefen. Doch diese Möglichkeit wurde ihnen später genommen, da sie nur zwei Optionen hatten: 1. gestehen und somit die Anklage zu bestätigen oder 2. ihre Aussage zu widerrufen und somit ihren Tod auf dem Scheiterhaufen zu finden. Allein deshalb kann man den Prozess nur als einen der Inquisition unterliegenden und somit nicht gerechten werten. Die Verteilung der Güter lässt natürlich auf andere Motive schließen, die den Prozess in Gang brachten und dass somit nicht die erklärten Ziele verfolgt wurden. Ein eindeutiges Zeichen für die Unschuld des Ordens ist die Zurücknahme des Geständnisses durch Molay auf dem Scheiterhaufen. Hier hätte ihm eine weitere Lüge nichts gebracht da er, egal was er noch gesagt oder getan hätte, seinen Tod gefunden hätte.

Die genaue Sachlage wird man wohl nie herausfinden können, da die Protokolle der Prozesse stark minimiert und nur auf die wichtigsten Aussagen beschränkt wurden, die meistens die Geständnisse beinhalteten und somit nicht den ganzen Verlauf der Verhöre dokumentieren.

Abschließen lässt sich sagen, dass die Anklagepunkte wohl kaum einen Funken Wahrheit beinhalteten und wenn sie nur einwenig der Wahrheit entsprachen, können die unter 3.1 genannten Anklagepunkte und deren Entstehung dieses erklären. Der Prozess war nur ein geschickt inszenierter Schachzug des Königs, der durch sein Eingreifen seine Ziele und Vorhaben bis zum Schluss durchsetzte.

Literatur- und Quellenverzeichnis

1.) Dr. Ph. Hans Prutz, Entwicklung und Untergang des Templerherrenordens, Berlin 1888

2.) Dr. Konrad Schottmüller, Der Untergang des Templerordens, Darmstadt 1887

3.) Nikolas Jaspert, Die Kreuzzüge, Darmstadt 2004

4.) Nicolaus Heutger, Die Ritterorden im Heiligen Land: Die Hospitäler und Ordensgemeinschaften

5.) Georg Philipp Melloni, Die geistlichen Ritterorden im Heiligen Land. Templer, Johanniter und Deutschritterorden, in: Welt und Umwelt der Bibel 29/2003